Schreib richtig 2

Erarbeitet von Renate Andreas
Heike Baligand
Illustriert von Antje Hagemann

AF640532

westermann

Das Paket

Das Paket

Heute kommen Onkel Peter und Tante Susanne.
Papa hat Kuchen gekauft.
Um drei Uhr klingelt es.
Onkel Peter hat ein großes Paket in der Hand.
Ich darf es auspacken.
Oh, toll! Es ist ein Käfig.
Darin sitzt ein kleiner Hamster.
Den habe ich mir schon so lange gewünscht.

Richtig abschreiben

1 Suche dir drei Sätze aus dem Text aus und schreibe sie ab.

Kontrollieren

2 Überprüfe deine Sätze mit dem Text.
Streiche falsch geschriebene Wörter durch.
Schreibe diese Wörter richtig auf.

Nomen großschreiben

3 Schreibe die Nomen auf.

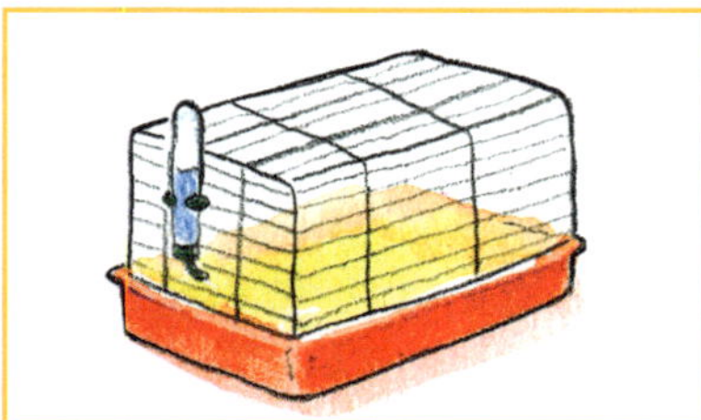

der ____________

der ____________

das ____________

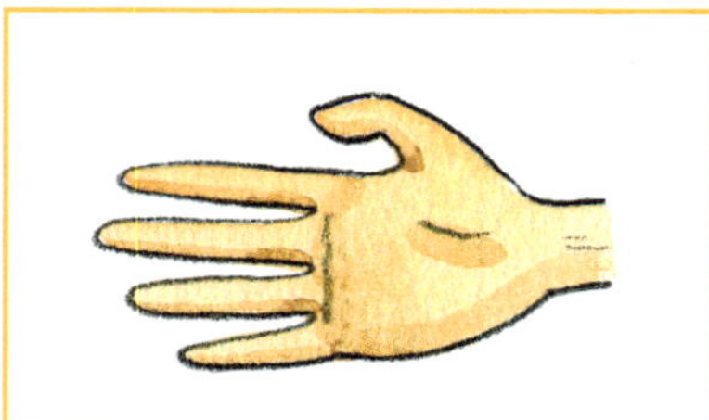

die ____________

der ____________

der ____________

4 Setze die Nomen aus Aufgabe 3 in den Text ein.

Das Paket

Heute kommen Onkel Peter und Tante Susanne.

Papa hat ____________________ gekauft.

Um drei Uhr klingelt es. Onkel Peter hat ein großes

____________________ in der Hand.

Ich darf es auspacken.

Oh, toll! Es ist ein ____________________.

Darin sitzt ein kleiner ____________________.

Den habe ich mir schon so lange gewünscht.

5 Schreibe die Nomen in die Kästchen.

 U h r

Satzanfänge großschreiben

Papa oh um ich Onkel ~~heute~~ den es darin

6 Setze die passenden Satzanfänge ein.

Das Paket

Heute ______ kommen Onkel Peter und Tante Susanne.

______ hat Kuchen gekauft. ______ drei Uhr klingelt es.

______ Peter hat ein großes Paket in der Hand.

______ darf es auspacken. ______, toll! ______ ist ein Käfig.

______ sitzt ein kleiner Hamster.

______ habe ich mir schon so lange gewünscht.

Punkt am Satzende

7 Male jeden Punkt in Aufgabe 6 bunt an.
Zähle die Sätze.

Ich habe ______ Sätze gezählt.

Wörter üben

8 Schreibe die Wörter in verschiedenen Farben genau untereinander.

Papa	Tante	Kuchen

Hand	Onkel	Hamster

Wörter bestehen aus Silben

9 Sprich die Wörter in Silben und male die Bögen nach. Ordne die Wörter richtig ein.

Tante schon es Papa Susanne Paket ich

1 Silbe	2 Silben	3 Silben
es	Pa ket	

Meine Lernwörter

10 Suche dir vier Wörter aus, die für dich schwierig sind.
Schreibe jedes Wort viermal untereinander auf.

11 Schreibe deine Lernwörter so oft wie möglich in das Labyrinth.

Pizza backen

Pizza backen

Mein Freund Jonas und ich wollen eine Pizza backen.
Zuerst rollen wir den Teig aus. Den legen wir auf ein Blech.
Jonas schneidet Tomaten, Salami und Paprika.
Ich reibe den Käse. Wir verteilen alles auf dem Boden.
Dann schieben wir das Blech in den Ofen.

Richtig abschreiben

1 Suche dir drei Sätze aus dem Text aus und schreibe sie ab.

Kontrollieren

2 Überprüfe deine Sätze mit dem Text.
Streiche falsch geschriebene Wörter durch.
Schreibe diese Wörter richtig auf.

Nomen und Satzanfänge großschreiben

3 Setze die passenden Satzanfänge und Nomen in die Lücken ein.

Pizza ~~mein~~ Käse zuerst Boden Ofen Tomaten wir Blech

Pizza backen

Mein Freund Jonas und ich wollen eine ____________ backen.

____________ rollen wir den Teig aus. Den legen wir

auf ein ____________. Jonas schneidet ____________,

Salami und Paprika. Ich reibe den ____________.

______ verteilen alles auf dem ____________.

Dann schieben wir das Blech in den ____________.

Punkt am Satzende

4 Male jeden Punkt in Aufgabe 3 bunt an. Zähle die Sätze.

Ich habe ______ Sätze gezählt.

Nomen großschreiben

5 Was legt Jonas auf die Pizza? Schreibe die Nomen auf.

____

____

____

Nomen mit doppeltem Mitlaut

6 Setze die richtigen doppelten Mitlaute ein.
Schreibe die Nomen auf.

tt	ss	nn
Watte	______	______
______	______	______
______	______	______

7 Setze die richtigen doppelten Mitlaute ein.

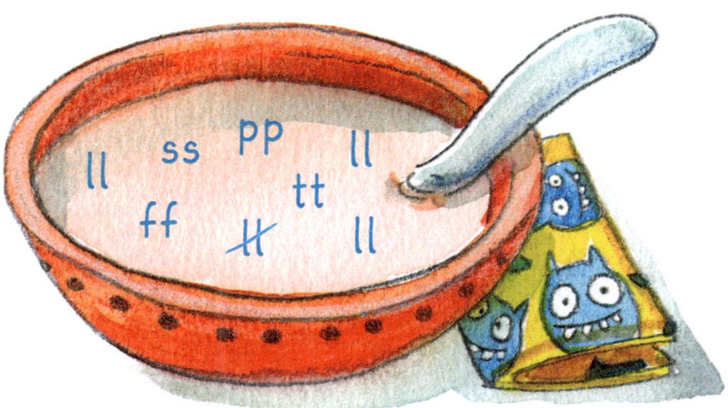

Heute wo ll en Jonas und sein Freund Su____e e____en.

Sie ste____en die Te____er auf den Tisch.

Sie holen Karto____eln und Karo____en aus dem Ke____er.

Wörter nach dem ABC ordnen

8 Verbinde die Wörter mit ihrem Anfangsbuchstaben.
Kreise immer den Anfangsbuchstaben ein.

A a
B b
C c
D d
E e
F f
G g
H h
I i
J j
K k
L l
M m
N n
O o
P p
Qu qu
R r
S s
T t
U u
V v
W w
X x
Y y
Z z

Pizza
das
mein
alles
verteilen
zuerst
Blech
rollen
Paprika
Freund
Tomaten
essen
schieben
Ofen

Diese Buchstaben bleiben übrig:

____

____

____

Meine Lernwörter

9 Suche dir vier Wörter aus, die für dich schwierig sind. Schreibe jedes Wort viermal untereinander auf.

10 Schreibe deine Lernwörter so oft wie möglich in das Labyrinth.

Der neue Schüler

Der neue Schüler

Tim ist neu in unserer Klasse. Er bleibt mit seinem Ranzen
an der Tür stehen und schaut auf den Boden.
Dann kommt die Lehrerin. Sie redet mit Tim.
Neben Lena ist noch ein Stuhl frei.
In der ersten Stunde sollen die Kinder lesen.
Tim hat kein Lesebuch.
Lena schiebt ihr Lesebuch
über den Tisch
und lacht Tim an.

Richtig abschreiben und kontrollieren

1 Suche dir drei Sätze aus dem Text aus und schreibe sie ab.
Überprüfe deine Sätze.

Diese Wörter muss ich noch üben:

Wörter bestehen aus Silben

2 Male Silbenbögen unter die Wörter.
Schreibe die Wörter in Silben auf.

Schüler Schü ler

Boden ______ ______

Ranzen ______ ______

Kinder ______ ______

neben ______ ______

lesen ______ ______

Lesebuch ______ ______ ______

Nomen haben Artikel

Tipp: Nomen haben bestimmte Artikel: der, die, das.

3 Schreibe die Nomen unter den passenden Artikel.

der	die	das
Ranzen		

Einzahl und Mehrzahl

4 Verbinde die Nomen in der Einzahl und in der Mehrzahl. Trage die Wortpaare richtig ein.

Einzahl der, die, das	Mehrzahl die
das Heft	die Hefte

Einzahl und Mehrzahl

5 Schreibe die Nomen in der Mehrzahl auf.

Singular	Plural
der Apfel	die Äpfel
die Maus	
das Haus	
das Blatt	
der Vogel	
der Wolf	
das Huhn	
der Hut	

6 Schreibe die fehlenden Nomen auf.

Einzahl	Mehrzahl
der Elefant	
	die Kinder
der Ranzen	
	die Scheren

Meine Lernwörter

7 Suche dir vier Wörter aus, die für dich schwierig sind.
Schreibe jedes Wort viermal untereinander auf.

8 Schreibe mit deinen Lernwörtern Sätze.

Die freche Maus

Die freche Maus

Heute gehe ich mit meiner Oma und meinem Opa in den Supermarkt. Oma will Gemüse kaufen. Dort stehen viele Leute und lachen. Zwischen den Äpfeln und Birnen guckt eine kleine Maus heraus. Ein Verkäufer will sie fangen. Da versteckt sie sich im Salat. Später sehen wir sie bei den Tomaten und Gurken. Ob Mäuse auch Gemüse fressen?

Richtig abschreiben und kontrollieren

1 Suche dir drei Sätze aus dem Text aus und schreibe sie ab.
Kontrolliere sie.

Diese Wörter muss ich noch üben:

Wörter bestehen aus Silben

2 Suche die passenden Silben.
Schreibe das Wort auf.

Silben		Wort	Silben			Wort
~~Bir~~	wi	Birne	~~Kar~~	ri	~~fel~~	Kartoffel
Ki	~~ne~~		Me	~~tof~~	ka	
Sa	sche		Ba	lo	ne	
Kir	lat		Pap	na	ne	

Wörter mit äu

3 Leite die Wörter mit **äu** ab.

> Tipp: Wörter mit **äu** kann man ableiten. M**äu**se kommt von M**au**s, deshalb schreibt man es mit **äu**.

Mäuse	Maus	→	äu
Läuse	______	→	______
Bäuche	______	→	______
Bäume	______	→	______
Schläuche	______	→	______
Zäune	______	→	______
Mäuler	______	→	______

Wörter mit Eu/eu

4 Setze **Eu/eu** ein.

Eu le	H____
F____er	h____te
L____te	____ro
Fr____nd	fr____en
Z____gnis	B____tel

> Tipp: Wörter mit **Eu/eu** musst du dir merken.

Wörter mit äu oder Eu/eu

5 Unterstreiche die Wörter mit **äu** gelb und die Wörter mit **Eu/eu** grün.

Die beiden Mäuse Willi und Fritz leben in der Scheune. Sie schlafen im Heu und haben schöne Träume. Nachts schleichen sie in das Dorf. Dort stehen viele Häuser. Sie rennen durch alle Räume. Plötzlich hören sie Leute. Schnell laufen sie in den Garten. Sie sausen hinter die Sträucher. Eine Eule heult.

Schreibe die Wörter aus dem Text auf.

eu Scheune, ____________________

____

äu Mäuse, ____________________

____

____

6 Leite die Wörter mit **äu** aus dem Text ab.

Mäuse	→	Maus	→	äu
	→		→	
	→		→	
	→		→	
	→		→	

Wörter nach dem ABC ordnen

7 Ordne die Wörter nach dem ABC.

A a
B b
C c
D d
E e
F f
G g
H h
I i
J j
K k
L l
M m
N n
O o
P p
Qu qu
R r
S s
T t
U u
V v
W w
X x
Y y
Z z

Maus, lachen, Salat

lachen ____________________

Maus ____________________

Salat ____________________

sich, auch, gucken

____

____

____

mit, Verkäufer, Apfel

____

____

____

Gurke, sehen, viel

____

____

____

Opa, Birne, klein

____

____

____

Maus, Haus, Tomate

____

____

____

Meine Lernwörter

8 Suche dir vier Wörter aus, die für dich schwierig sind.
Schreibe jedes Wort viermal untereinander auf.

9 Schreibe deine Lernwörter so oft wie möglich in die Mäusegänge.

Immer ich

Immer ich

Meine große Schwester Lisa und ich kommen aus der Schule.
Mama ist nicht da. In der Küche liegt ein Zettel.

- Pizza steht im Ofen
- Küche aufräumen
- Brot und Käse kaufen
- Flaschen in den Keller bringen
- Müll in die Tonne werfen

Lisa geht zu einer Freundin. Sie will nicht helfen.
Das ist gemein.

Richtig abschreiben und kontrollieren

1 Suche dir drei Sätze aus dem Text aus und schreibe sie ab. Kontrolliere sie.

Diese Wörter muss ich noch üben:

Wörter bestehen aus Silben

2 Suche Wörter mit zwei Silben aus dem Text. Schreibe sie auf.

Li sa

Findest du das Wort mit drei Silben?

Nomen mit d am Ende

3 Leite die Nomen ab. Bilde die Mehrzahl.

Freun? → Freunde → d
Kin? → ________________ → ____
Fel? → ________________ → ____
Rin? → ________________ → ____
Schil? → ________________ → ____
Hun? → ________________ → ____
Klei? → ________________ → ____
Wal? → ________________ → ____

Nomen mit g am Wortende

4 Leite die Nomen ab. Bilde die Mehrzahl.

Ber? → Berge → g
We? → ________________ → ____
Zu? → ________________ → ____
Sonnta? → ________________ → ____
Zwei? → ________________ → ____
Ausflu? → ________________ → ____
Bur? → ________________ → ____
Zwer? → ________________ → ____

Nomen mit d oder g am Wortende

5 Setze die fehlenden Buchstaben in die Nomen ein.

Der Ausflug

Lisa macht mit ihrem Freun___ einen Ausflu___.

Sie wollen auf den Ber___ wandern. Lisa nimmt den Hun___ mit.

Nach kurzer Zeit sehen sie ein Schil___.

Der We___ zur Bur___ führt durch den Wal___. Der Win___ wird immer stärker. Plötzlich bricht ein Zwei___ vom Baum ab.

6 Schreibe die passenden Nomen auf.

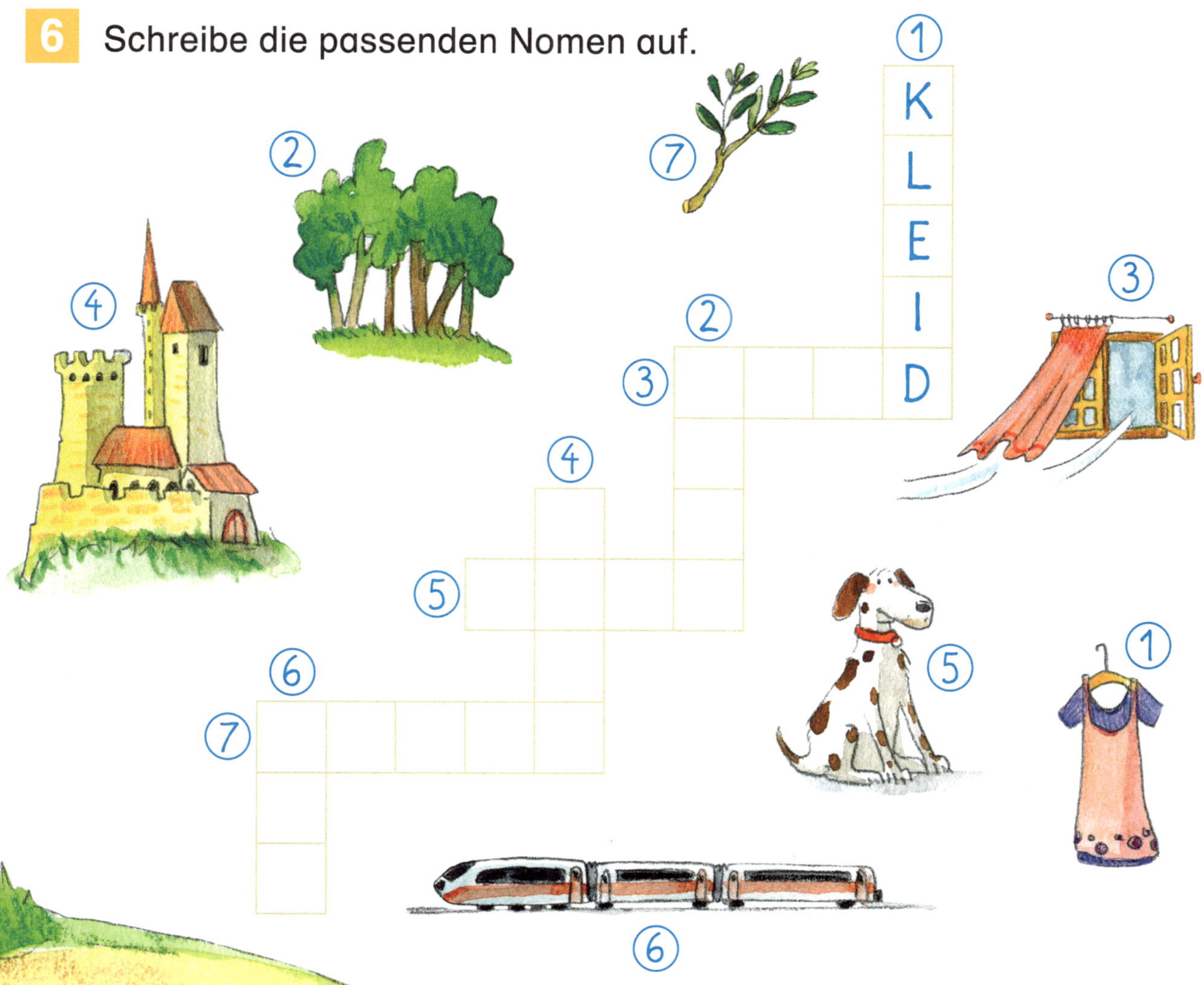

Nomen und Satzanfänge großschreiben

7 Unterstreiche die Nomen blau und die Satzanfänge rot.
Zähle die Nomen.

meine schwester und ich treffen uns vor der schule.
wir gehen zusammen zum supermarkt.
dort kaufen wir brot, käse, tomaten und gurken.
wir bringen alles in die küche. meine schwester
will einen salat machen. ich mag lieber pizza.

Ich habe ________ Nomen gefunden.

8 Schreibe den Text von Aufgabe 7 richtig auf.

Meine ________________________________

Meine Lernwörter

9 Suche dir vier Wörter aus, die für dich schwierig sind.
Schreibe jedes Wort viermal untereinander.

10 Schreibe deine Lernwörter so oft wie möglich in das Labyrinth.

Die Sportstunde

Die Sportstunde

Heute haben wir Sport. Zuerst spielen wir Hase und Igel. Dann baut unser Lehrer Geräte auf. Von der Decke hängen lange Seile. Daran kann man schaukeln. Alle Kinder lieben die Kletterwand. Von ganz oben springen wir auf die dicke Matte. Es gibt auch Kästen und große und kleine Bälle. Ich werfe mit meinem Freund auf den Korb. Das macht Spaß.

Richtig abschreiben und kontrollieren

1 Suche dir vier Sätze aus dem Text aus und schreibe sie auf. Kontrolliere die Sätze.

___

___

___

___

___

Diese Wörter muss ich noch üben:

___

___

Wörter bestehen aus Silben

2 Suche die passenden Silben. Schreibe das Wort auf.

~~Sei~~	ten	Sei	le
Rei	cke	___	___
Kas	te	___	___
Mat	~~le~~	___	___
De	fen	___	___

Findest du im Text die Nomen mit drei Silben?

___ ___ ___

___ ___ ___

Nomen und Satzanfänge großschreiben

3 Unterstreiche die Nomen blau und die Satzanfänge rot.
Zähle die Nomen.

in unserer turnhalle stehen viele geräte. der große kasten steht immer in der ecke. daneben stehen zwei barren. die bälle liegen in großen körben. daneben hängen die Seile. auf dem mattenwagen liegen die matten. in dem großen schrank stehen die rollbretter.

Ich habe ________ Nomen gezählt.

4 Schreibe den Text richtig auf.

In ____________________

____

____

____

____

____

____

____

____

____

____

Fehler finden

5 Hier fehlt manchmal der letzte Buchstabe. Setze ihn ein.

Die Sportstunde

Heute haben wir Sport. Zuerst spiele___ wir Hase und Igel. Dann baut unser___ Lehreri___ Geräte auf. Von der Deck___ hängen lange Seil___. Daran kann man schaukel___. Alle Kinde___ lieben die Kletterwand. Von ganz obe___ springe___ wir auf die dicke Matt___. Es gibt auch Kästen und große und klein___ Bälle. Ich werfe mi___ meinem Freund au___ den Korb. Das mach___ Spaß.

6 Finde die Fehler in den Sätzen. Hinter jedem Satz steht die Anzahl der Fehler. Schreibe die Wörter richtig auf.

Lehrerin

Die ~~Lererin~~ kommt in die Sporthalle. 1

___

Die Kinde ziehen sich um. 1

___

Dann sprigen sie über die Banke. 2

___

Meral und Tim klettern an der Kleterwand. 1

___

Lara und Finn springen über die Kästn. 1

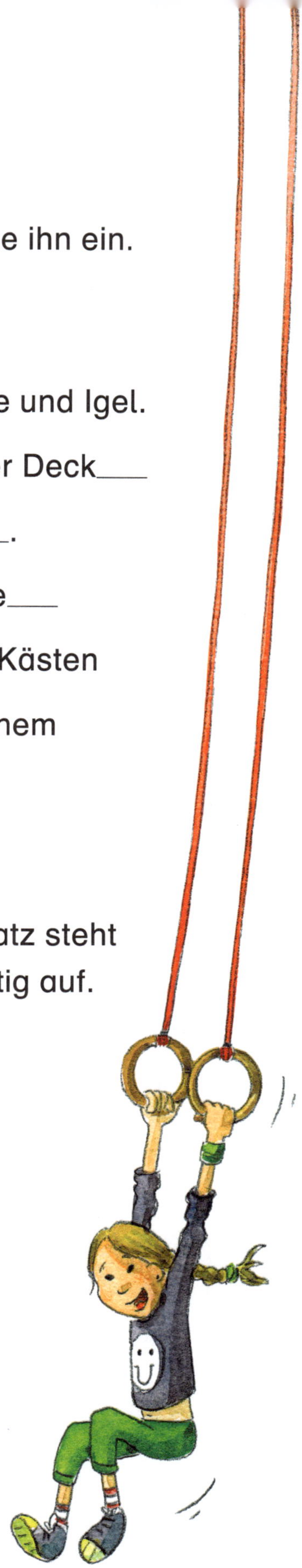

Wörter nach dem ABC ordnen

7 Schreibe die Wörter nach dem ABC auf.

A a
B b
C c
D d
E e
F f
G g
H h
I i
J j
K k
L l
M m
N n
O o
P p
Qu qu
R r
S s
T t
U u
V v
W w
X x
Y y
Z z

Spaß, geben, Korb, bauen

bauen
geben
Korb
Spaß

Kästen, Igel, groß, alle

werfen, springen, Hase, man

Kletterwand, mit, Decke, ich

Kinder, oben, zuerst, Lehrerin

Freund, schaukeln, lieben, wir

Meine Lernwörter

8 Suche dir vier Wörter aus, die für dich schwierig sind.
Schreibe jedes Wort viermal untereinander auf.

9 Schreibe deine Lernwörter so oft wie möglich in das Labyrinth.

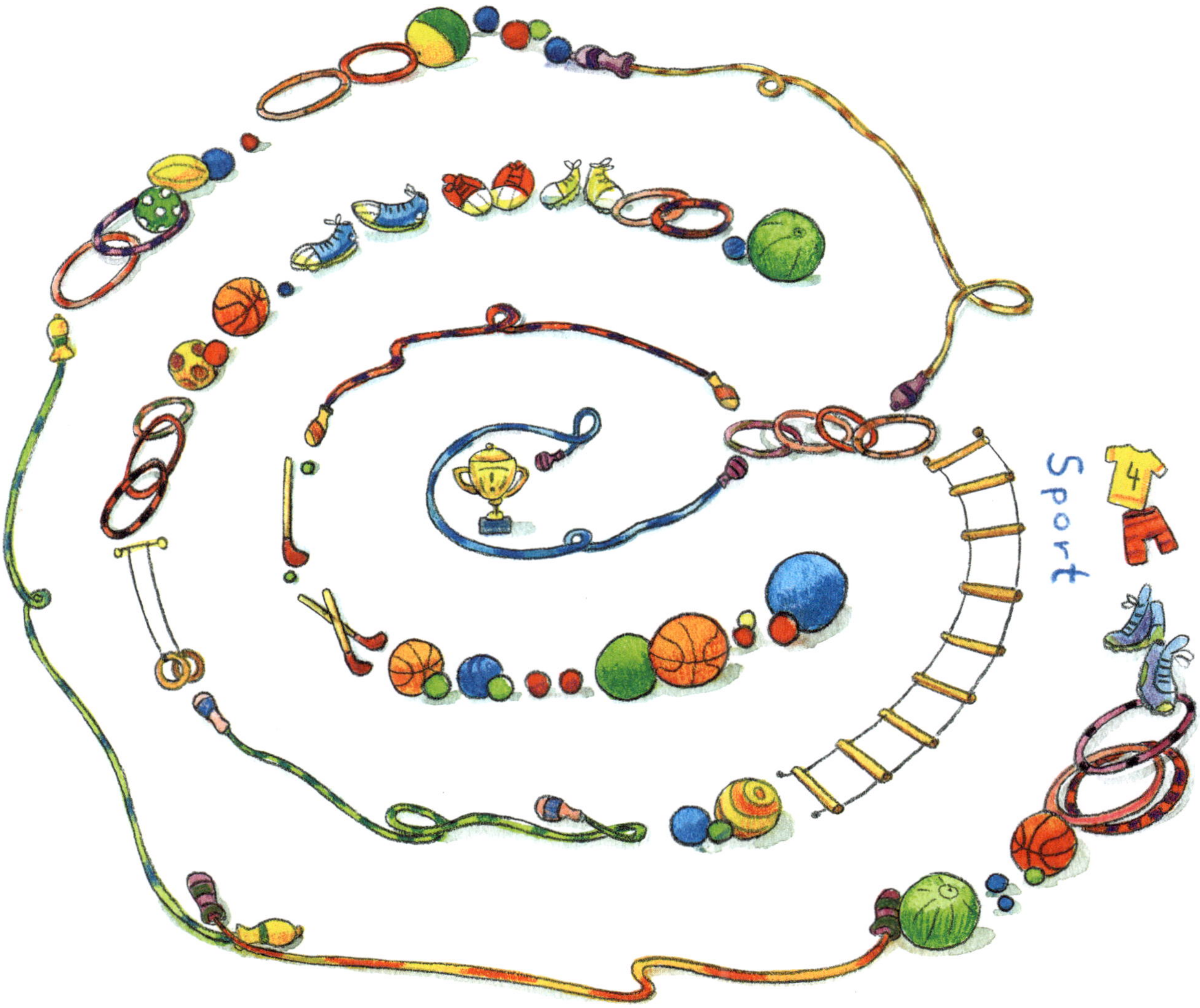

Der kleine Hai

Der kleine Hai

Flossi ist ein kleiner Hai.
Er lebt mit seinen Eltern im großen Meer.
Flossi hat auch Freunde. Sie heißen Flix und Eddi.
Flix ist ein kleiner Wal. Eddi ist ein Tintenfisch.
Sie haben viel Spaß zusammen. Manchmal verstecken
sie sich hinter den Korallen und werfen mit Algen.
Einmal ist Flossi in großer Gefahr.

Richtig abschreiben und kontrollieren

1 Suche dir drei Sätze aus dem Text aus und schreibe sie auf. Kontrolliere die Sätze.

Diese Wörter muss ich noch üben:

Wörter bestehen aus Silben

2 Schreibe Nomen aus dem Text in Silben auf.

1 Silbe:	2 Silben:	3 Silben:
Hai		

Wörter mit ie

3 Setze **ie** in die Wörter ein.

sp____len	v____le	Br____f
T____re	fl____gen	W____se
L____d	D____nstag	kr____chen

4 Setze die passenden Wörter aus Aufgabe 3 in die Sätze ein.

Auf der Wiese__________ blühen ______________ Blumen.

Der Tag nach Montag heißt ______________________.

Ich schreibe meiner Freundin einen __________________.

Die Schüler singen ein __________________.

Schnecken ____________________ durch das Gras.

Es gibt Tiere, die können ____________________.

Nomen und Satzanfänge großschreiben

5 Unterstreiche die Namen und Nomen blau und die Satzanfänge rot. Zähle die Nomen.

flossi ist ein kleiner hai. er lebt mit seinen eltern im großen meer. flossi hat auch freunde. sie heißen flix und eddi. flix ist ein kleiner wal. eddi ist ein tintenfisch. sie haben viel Spaß zusammen. manchmal verstecken sie sich hinter korallen und werfen mit algen. einmal ist flossi in großer Gefahr.

Ich habe ________ Nomen gezählt.

6 Schreibe den Text richtig auf.

Flossi ____

Fehler finden

7 Kreise das richtige Wort ein. Schreibe es auf.

lept	lebt	lebd	lebt
versteken	ferstecken	verstecken	
heisen	heissen	heißen	
Froinde	Freunde	Freunte	
wohlen	wolen	wollen	
spielen	spilen	schpielen	
Gefar	Kefahr	Gefahr	
werfen	werfn	werffen	

8 Finde die Fehler in den Sätzen. Hinter jedem Satz steht die Anzahl der Fehler. Schreibe die Wörter richtig auf.

Eltern

Er lebt mit seinen Etern im großen Meer. 1

Eddi ist ein Tinenfisch. 1

Sie ferstecken sich hinter den Koralen. 2

Sie wefen mit Algen. 1

Sie haben viel Spaß zusamen. 1

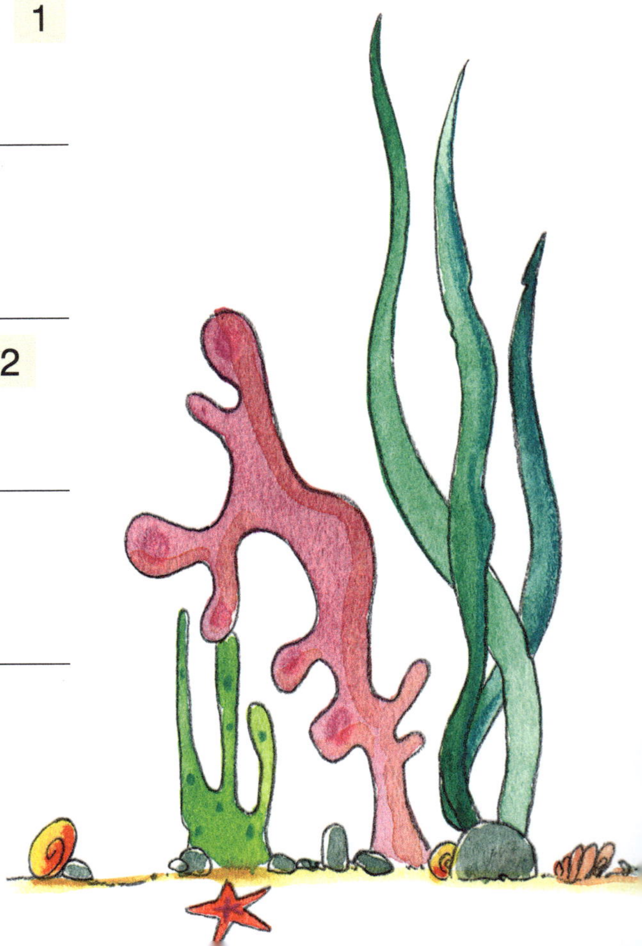

Meine Lernwörter

9 Suche dir vier Wörter aus, die für dich schwierig sind.
Schreibe jedes Wort viermal untereinander auf.

10 Schreibe mit deinen Lernwörtern fünf Sätze.

1 Ordne die Nomen richtig ein und schreibe eigene Nomen dazu.

Buch Onkel Zweig
Stuhl Opa Baum
Lehrerin Maus Ranzen
Hund Hamster Blume

Menschen	Tiere	Pflanzen	Dinge
______	______	______	______
______	______	______	______
______	______	______	______
______	______	______	______

2 Setze die richtigen Artikel ein und beschreibe Lisa.

lila blau rot schwarz gelb
grün grau braun rosa bunt

__________ Hose ist __________________ .

__________ Pullover ist __________________ .

__________ Armband ist __________________ .

__________ Ranzen ist __________________ .

__________ Schuhe sind __________________ .

__________ Haare sind __________________ .

3 Setze die fehlenden Buchstaben ein.

4 Schreibe unter jede Pizza, womit sie belegt ist.

Für Profis

5 Schreibe einen Text über Tiere.

Ein ____________________ lebt im Wald.

Ich habe Angst vor ____________________.

Im Zoo schaue ich mir gern ____________________ an.

Ein ____________________ kann ganz schnell laufen.

Ein ____________________ kann hoch springen.

Eine ____________________ ist ein kleines Tier.

6 Setze die doppelten Mitlaute in die Lücken ein.

ll ss ll ss ss ll ss nn ll

All e Kinder e____en in der Kla____e ihr Brot.
Danach re____en sie auf den Hof. Emre und Lukas werfen mit den Bä____en. Anna und Lena wo____en turnen.
Anna macht eine Ro____e an der Turnstange. Es klingelt.
Die Schüler mü____en wieder in die Kla____e gehen.

7 Schreibe die passenden Nomen auf.

8 In den Wörtern fehlen **Eu/eu** oder **äu**. Setze **Eu/eu** oder **äu** ein.

Faris hat ein n_eu_es Buch bekommen.

Es ist die Geschichte vom R_____ber Fridolin, der nicht weiß,

was er den L_____ten rauben soll.

Beim ersten Mal raubt er H_____ von einem Bauern.

Beim zweiten Mal raubt er einen leeren B_____tel.

Beim dritten Mal nimmt er junge M_____se mit.

Als er beim fünften Mal zwei B_____me klaut, ist sein Fr_____nd wütend:

„Was sollen wir mit den Sachen anfangen?

Wir brauchen _____ros!“

9 Die Klasse 2 möchte ein Geschichtenbuch schreiben.
Oliver will seinen Text fehlerfrei abgeben.
Findest du die falsch geschriebenen Wörter?

Mein Haustier

____

Ich habe einen hamster. 1

____

Der Hamster lept im Käfig. 1

____

Er frisst Häu und möhren. 2

____

hamster brauchen jeden Tag frisches Waser. 2

____

mein Hamter heißt Fips. 2

____

Er spielt gerne in seinem Laufrat. 1

____

Ich darf mit fips kuscheln, aber ich darf ihn nicht küsen. 2